Heinrich Solger

Fibel oder Schreib-Lese-Schule

Für das erste Schuljahr

Heinrich Solger

Fibel oder Schreib-Lese-Schule
Für das erste Schuljahr

ISBN/EAN: 9783743698604

Hergestellt in Europa, USA, Kanada, Australien, Japan

Cover: Foto ©Paul-Georg Meister /pixelio.de

Weitere Bücher finden Sie auf **www.hansebooks.com**

Vorliegende Fibel, die schon im Manuscript und bei ihrer ersten Auflage sehr empfehlende Recensionen erhielt, ist nun so umgearbeitet und ausgestattet worden, daß sie, wie ein bekannter Schulmann sagt, „ohne alle Frage eine der besten ist, die wir nur haben, und daß Kinder und Lehrer sich derselben freuen mögen."

Eine Recension der Fibel in der bayer. Lehrer-Zeitung Nro. 19 vom 9. Mai 1867 lautet:

„Wenn auch der vorstehend angezeigten Fibel schon bei ihrem Eintritt in die Oeffentlichkeit das günstigste Urtheil zweier gewichtigen und erfahrenen Schulmänner mitgegeben wurde, so machen wir dennoch gerne wiederholt auf dieselbe aufmerksam. — Es sind namentlich im Verlauf der letztvergangenen Jahre eine Anzahl neuer Fibeln erschienen, die Zeugniß ablegen von der methodischen Tüchtigkeit ihrer Verfasser. Die Solger'sche Fibel reiht sich diesen nicht nur würdig an, sondern übertrifft sie in mancher Hinsicht. Daß diese Fibel Current- und Druckschrift nicht zusammen darstellt und beide gleichzeitig lehren will, ist gewiß ein Vorzug derseben. Die einzelnen Uebungen sind gut methodisch geordnet und erzielen sicher eine gründliche Kenntniß der Laute und ihrer Verbindungen. Die Schwierigkeiten, besonders rücksichtlich der verstärkten An- und Auslaute, sind mit methodischem Takte ausgetheilt, und werden die Kleinen ganz stufenweise vom Leichteren zum Schwereren geführt. Für die Anfänge des sprachlichen Unterrichts bietet die Fibel entsprechenden Stoff dar. Sie ist für das erste Schuljahr bestimmt, und da nicht nur die lateinische Schrift, sondern auch eine hinreichende Anzahl recht gut gewählter Lesestücke der Fibel beigegeben sind, so wird sie für das erste Schuljahr vollkommen ausreichen *rc.*"

Fibel

oder

Schreib-Lese-Schule.

Für das erste Schuljahr.

Von

Heinrich Holger,

Lehrer in Würzburg.

Zweite, verbesserte Auflage.

Würzburg.

Verlag der J. Staudinger'schen Buchhandlung.

1869.

F. E. Thein'sche Buchdruckerei in Würzburg.

Inhaltsverzeichniß.

I.

II.

III

IV.

V.

VI.

Verzeichniß

der im VI. Abschnitt enthaltenen Lesestücke mit Liedern.

(Die mit * bezeichneten Nr. sind Gedichte.)

Alphabetisches Verzeichniß

der unter diesen Lesestücken enthaltenen Kinderlieder.

I.

i u, iu, ui, i, u,

u ii, iuu, uui, uiiu,

ii ui, iiu, iiuu, uui,

m iuu, iuuu, iuu, uuiu,

n nuu, nu, unu, unuu,

l ul, uul, luu, luuu,

b bub, bu, bub, biu,

e eb, beb, beu, iueu,

a eau, auu, ab, uual,

i lau, bau, iä, iü,

i, ii, u, e, a, u, m, l, b, i,

f fe, fa, fo, fel, fin;

h ich, euch, mich, mach, lauf;

j ja, ju, je, o je, nun;

g lag, mag, log, jag, gar;

s as, bis, los, das, las.

r ar, vir, mir, ihr, rot.

v vom, vor, vom, vill, vi,

w wo, wir, wo, wor, wor,

z zu, zum, zur, zol, zog;

ai ain, ein, kein, bai, lau, fai;

r, v, w, ai, s, z, j, g, h, f.

h reich, leicht, reih, sieh, sah,

(x) schaut, wen, wer, her, gib,

s sie, sich, sag, saug, such,

(s) was, mir, wann, war,

t mit, bat, hat, gut, tob,

(c) treib, die, dar, war, das,

d der, drei, dann, doch, deut,

(g) gar, zug, deich, drein,

z zu, zeig, zog, zig, zur;

(b) bin, lob, breit, wol, bat,

ß ließ, muß, naß, ließen,

ng ang, jung, lang, jüng,

ä äh, wäre, schäm, schäl, jäh;

ö öh, schön, hör, böse, jung,

ü üb, hüt, nun, füg, schür,

ei ai, eih, aie, ail, heim,

äu au, häuen, auh, euw, schau,

i, ii, u, e; a, ä, ö, ü, au,

ei, ai, äu, au, n, m, r,

w, m, d, b, l, k, c, o, s, j, g,

ng, p, z, sch, st, ff, ß, ss, sf,

z, h, y, v, w, t, x, ö, ſ, f, q,

II.

i — i i

n n

n — in, ni,

u u

u — un, nu, nun, n, u, i,

m m

m — im, um, mu, in, un, nun,

e e

e — em, en, nen, nem, im, nun,
in, um, un, mu, i, u, e, n, m,

l l

l — el, mel, len, lem, in, un,
im, um, mel,

b b

b — leb, be, beb, bin, bel, bum, ne ben,
nun, l, b, m, n, u, e, i,

o o

o ob, lob, lon, lo be, o ben, bom, bim,

a a

a an, am, ab, mal, man, lab, lam, la ben,
ma len, a, o, u, e, i, u, o, a, e, i,

d d

d d, b, lad, bad, da, du, den, dem, la de,
ba den, de nen, lob,

i, u, e, o, a, n, m, l, b, d,

in, an, um, nun, leb, bin, mal, man, lab,
den, dem, lob, ma len, ba den, la den, o ben,
la ben, e del, man, leb, lob, beb, mal, bad,
lad, den, an, dem, in, den, ne ben, de nen,

h h

h h, b, ha, he, ho, hol, hin, hab, heb, hob,
ha be, ho le, ha ben, ho len, man, heb, da hin,

ch ch

ch ich, ach, mich, mach, lach, doch, dich, mach
doch, la chen, ma chen, ich lo be dich, hol mich,

 **j**

j ja, je, jo, o ja, je ne, je de, je nen, je den,
man lo be je ne, nach je dem,

 **g**

g leg, mag, log, jag, bog, heg, nag, le gen,
ge gen, gib, ge ben, ich mag, ge gen dich,

 **s**

s es, bis, los, das, las, des, je nes, je des,
man las, es los, um das, ich las, ho le je nes,
leg das hin, h, ch, g, j, s,

 **r**

r er, nur, mir, der, dir, dar, her, gar,
red, rar, reg, de ren, je der, da her, je ner,
ler ne ger ne, re de nur,

 **v**

v von, vor, vom, vo ran, vor nen, von dir,
vor dem, vor dir, vor das, er hob, es hab,
vor je ne, ich bin vo ran,

w W

W wo, we, wer, war, wir, web, wad, wem, wen, was, wach, weg, wa rum, wa ren, war nen, wer wob, wer war da, wo war er, wa rum, wir wa chen,

Z Z

Z zu, zum, zur, zal, zog, zech, da zu, man red zu, bis zu dem, zu dir, vor zu de nen, da zu laden, wir wa ren vor nen, wo zu,

au au

au aus, auch, bau, lau, hau, wau, rauch, hauch, raub, bau en, rau chen, ich hau che, la che, auch du, aus dem, bau e ja,

r, v, w, au, s, z, j, g, h, ch,

hol, was, vor, das, red, zu, hoch, jag, nag, wir, bau, der, war, ich, du, er, la chen, wer den, ha ben, wa rum, vor nen, je des, wa chen, he ben, war nen, her vor, hor chen, ja gen,

a, e, i, o, u, au, n, m, r, v, w, l, b, d, s, z, j, g, h, ch,

f f (v)

f (v) auf, lauf, ruf, feg, fad, faul, fach, ru fen, fe gen, lau fen, fin den, von, vor, vo ran, ruf mir, lauf her, wer war faul,

 ſ (S)

ſ (S) ſ, f, ſo, ſich, ſag, ſaug, ſuch, le ſen, lo ſen, ſa gen, ſu chen, wer mag ſu chen, ſag nur was, ruf mir ſo, wir le ſen nun, ſuch mich,

 t (d)

t (d) mit, bet, hat, gut, bot, laut, baut, tod, taub, taug, be ten, tau chen, re den, be tet, ſel ten, er bat, red mit, er hat et was, o ja, v, f, s, ſ, d, t,

 k (g)

k (g) ka, kau, kam, koch, kaut, kaum, kauf, ko ſen, ka men, kau fen, mer ken, wir ken, mer ke das, gib mir es, wer kam, kauf et was, koch gut, wir mer ken auf, wo,

 p (b)

p (b) pe, pich, poch, pip, pur, po chen, pi pen, per len, pum pen, pip te, poch te, bin, lob, baut, web, bet, er bat, gib das her, poch nur an, pum pe zu,

sch

sch fisch, wasch, nasch, misch, lausch, rasch, zisch, husch, tausch, hasch, schon, schad, schab, scher, na schen, wasch dich, wisch ab, ich bin schon da, wir ha schen,

ng

ng eng, sing, lang, jung, meng, bang, ring, sang, man sang, jag lang, sing en, sang en, sing doch, ich bin jung, das war lang,

ä ö ü

ä äz, wär, schäm, schäl, säg, jät, sät, häng, käm, schä len, wir sä gen, wär er da,

ö öd, schön, hör, bös, lös, mög, tön, lö sen, hö ren, ge gen, das war schön, hör doch,

ü üb, für, müd, füg, schür, kür, rüg, ü ber, fü gen, für dich, üb das, wir ü ben,

ai ei

ai aich, laich, ai chen, laich ten, lauf hin, red laut, ich war da, auch du, schau her,

ei ein, eil, mein, leim, meid, heil, reib, leis, seif, neig, reich, sei, sein, rein, heim, fein, sei leis, war je der rein, o nein,

äu eu

äu säum, häuf, zäum, häut, säu men, bäu men, lau fen, räum auf, sei fein,

eu euch, heul, heut, beut, reut, keusch, deut, neu, scheu, heu te, neu e, sei gut, er beut, schau et euch um,

t, k, p, f, s, sch, ng, ä, ö, ü, ai, ei, äu, eu,

seif, sein, tauch, gut, koch, von, dem, was, poch, bet, tausch, schäl, jung, mein, rein, scheut, pum pen, schau en, wi schen, na schen, sing en, fang en, sä gen, hö ren, lü gen, wün schen, ai chen, zei gen, hei len, zäu men, heu len, deu ten,

i, n, u, m, e, l, b, o, a, d, h, ch, j, g, s, r, v, w, z, au, f, s, t, k, p, sch, ng, ä, ö, ü, ai, ei, äu, eu,

hei zen, wir ken, ger ne, sel ten, jag te, zag te, dach te, pach ten, hal ten, war ten, wer den, wer fen, zün den, rech nen, ler nen, pum pen, et was, vor nen, hor chen, rauf ten, koch ten, schel ten, meng en, hör ten, laich ten, zeig te, häuf ten, räum ten, scheuch ten, sal zen, tan zen, sing en, — ich ler ne — man che scher zen — ich hei ze ein — er zeich net — ich kau fe et was — je ne wein ten — er war mun ter — je ner rech net — der tan zet — es reg net —

i, n, u, ü, m, e, ei, eu, o, ö, a, ä,
ai, au, äu, r, v, w, t, k, l, b, d,
s, j, g, ng, z, p, ſ, f, h, ch, ſch,

a, e, i, o, u, ä, ö, ü, ei, ai, au,
eu, äu, ſch, ng, p, b, f, v, t, d, s, ſ, k, g,

gei zig, rein lich, ar tig, ſaf tig, ein fach, wach ſam,
ein mal, mög lich, wal dig, heil ſam, gif tig,
leb los, mor gen, un ter, vor her, vor hin, höf lich,
heim lich, wür dig, deut lich — ich bin hung rig —
er war fer tig — man war ar tig — es war rich tig —
mer ke das — ſei rein lich — ſeid höf lich —

pf, ſt, ft, ſcht, cht, gt, bt,

hüpf, ſchöpf, zupf — rupf das aus — iſt, feſt, haſt —
du biſt gut — heft, duft, haft — ich war oft da —
fiſcht, naſcht, haſcht, löſcht, wäſcht, lauſcht — das rauſcht
— echt, acht, ſucht, recht, lacht, kocht, macht, leicht —
das reicht nicht — legt, wagt, ſagt, jagt — es tagt —
lebt, gebt, lobt — er tobt —

lf, lb, lt, ld, lſch, ls,

eilf, hilf — gelb, halb, ſalb, habt, neigt, picht, rauft,
hüpf — eilt, kalt, heilt — der iſt alt — mild, hold —
er kam bald — welſch, tauſcht — das iſt falſch —
als, bald, walt, — er kam, als es ſchön war —

lk, lg, lch, bſch, tſch, mp, mt,

melk, welk, folg, balg, ſolch, welch — hübſch, peitſch,
deutſch, welſch, rauſcht, als — pump, ſchämt, leimt,
ſchäumt — pump zu — peitſch nicht — red deutſch —
folg hübſch — das keimt — es iſt welk —

rb, rf, rm, rn, rt, rd, rk, rg, rch, rsch,

erb, derb, färb, herb, darf, wirf, scharf, warf — arm, lärm, wärm, schirm, warm, lern, gern, fern — hart, fort, wart, dort, wird — merk, wirk, arg, sorg, borg, horch, durch, forsch — das wird hart — sei nicht barsch — merk auf mich — warm ist nicht kalt —

nf, nt, nd, nch, nsch, ns, nz, lz, rz, chz,

fünf bunt, weint, rund, wund, — manch, wünsch, uns, eins, keins, ganz, münz — salz, wälz, holz, kurz, herz, scherz, jauchz — fünf und eins — rund und bunt — hilf uns gern — kürz das ab — ächz nicht so —

pf, st, ft, scht, cht, gt, bt, lf, lb, lt, ld, lsch, ls, lk, lg, lch, bsch, tsch, mp, mt, rb, rf, rm, rn, rt, rd, rk, rg, rch, rsch, nf, nt, nd, nch, nsch, ns, nz, lz, rz, chz,

zupf, ist, oft, nascht, acht, legt, labt, eilf, gelb, alt, hold, falsch, als, welk, folg, solch, hübsch, peitsch, pump, keimt, derb, darf, arm, lern, fort, wird, merk, sorg, horch, forsch, fünf, scheint, bind, manch, wünsch, eins, ganz, wälz, kurz, jauchz,

nk — ie —

wink, denk, schenk, sink, lenk, sing, manch, tanz — die, sie, hier, tief, lieb, vier — der, die, das — der wink, die tanz, das lenk — er denk, sie sing, es jauchz — der ist alt — die ist jung — das ist mild — die sind hold —

III.

o O O

der — die — das

O

Ort; O fen, Or gel, O dem, Or te,
Os kar, O heim, Or geln, Ord nung —
der Ort, O dem, O fen, — der O fen
macht warm, — ist der Ort hübsch? —
ist der O heim gut?

a A A

der — die — das

A

Ast, Arm, Amt, Art; Al tar, A bend,
Ar me, A sche, Ant wort, An ton, Al bert;
Or gel, O fen, Ar ten, O dem, A dam. —
Am A bend wird es dun kel.

g G G

der — die — das

G

Gut, Gaul, Geld, Gast, Gold, Garn,
Geist, Gift, Gans; Ga bel, Gar ten,
Gür tel, Gul den, Gei ge, Ge bot, Ger ber.
A sche, Os kar. — Gib mir Geld! —
die Gul den sind rund.

ſ s S S

der — die — das

S Seil, Saum, Salz, Saſt, Sand, Sarg, Sold; Sa che, Sä bel, Sei te, Sil ber, Sei fe, Sä ge, Sal be, Säu le, Sol dat. O fen, Ar me, Gü ter, Or te, Ar ten, Gän ſe, Gär ten, — der Sol dat hat einen Sä bel.

n N N

der — die — das

N Neſt, Nacht, Napf; Na me, Na ſe, Na del, Ne bel, Nach bar, Na men, Na gel, Nächte. Sär ge, Gar ten, Sa chen, Gei gen, Sen ſe, Or te, A ſche, — die Na ſe iſt im Ge ſicht.

m M M

der — die — das

M Mai, Moſt, Milch, Menſch, Magd, Mund, Mond, Mops; Mo nat, Mor gen, Mon tag, Mäd chen; Nel ke, Sei ten, Na men, Ga be, A dam, — der Mond ſcheint in der Nacht.

r R *R*

der — die — das

R (R, N) Rad, Reif, Rauch, Reis,
Ring, Rand, Rost, Rind;
Ra sen, Re gen, Ro se, Rin de. Na del,
Näch te, Men schen, Mau er, Märk te,
Na me, — das Rad ist rund und läuft.

v V *V*

der — die — das

V Volk, Vers, Vogt; Nacht, Rind; Va ter,
Vo gel, Veil chen, Vö gel, Ver bot, Vä ter,
Völ ker, Ver se. Rü be, Ro sen, Mäg de,
Rin der, Nä der, Nä gel, Gär ten, Sei ten,
— der Vo gel baut ein Nest.

w W *W*

der — die — das

W (W, M) Weg, Wein, Wald, Wand,
Wort, Welt, Wind, Wurm,
Wunsch, Wink; Wa gen, Win ter, Wei zen,
Wä sche, Wäl der. Mäd chen, Na deln,
Rän der, Sa me, Mo nat, Mar tin, Na men,
Sa chen — der Wind saust durch den Wald.

O, A, G, S, N, R, V, M, W,

Or gel, Or te. Ar beit, An ton, Al tar, Ad ler.
Gar be, Gär ten, Gur ke. Sil ber, Sal be.
Nel ke, Näch te. Man tel, Mor gen, Men schen.
Rin der, Rei ter. Völ ker, Veil chen, Nach bar.
Wol ken, Win ter, Män tel.

z Z Z

der — die — das

Z Zug, Zeit, Zaun, Zaum, Zins, Zorn,
Zeug; Zei le, Zü gel, Zei chen, Zei sig,
Zäu me. Gut, Ort, Salz, Art, Volk,
Nacht, Rad — die Zeit eilt.

d D D

der — die — das

D (D, D) Dach, Dom, Dorf, Dorn,
Ding, Dank, Docht, Dolch;
Ding e, Dau men, Dör fer, Dor nen,
Doch te, Da me, Do se. Sa che, Or te,
A bend, Zei chen, Rä der, Völ ker, Näch te.
Das Dorf ist alt o der neu.

t T T

der — die — das

T D Tag, Tisch, Tuch, Teig, Takt, Topf, Tanz, Talg, Türk, Torf; Ti sche, Ta schen, Tau ben. Da men, Dä cher. Auf dem Da che sind oft Tau ben. — Die Ti sche sind oft rund.

i I I

der — die — das

I I gel, In sel, Il tis, I da. Ta ge, Dä cher, Zei chen, Ti sche, Dor nen, Ta fel, Dau men. — Im Wald. — Im Ort. — Im Nest. — Ich bin ger ne in dem Wal de.

j J J

der — die — das

J Joch, Jagd; Ju de, Ju bel, Jä ger, Ju ni, Ju li, Jo che, Jag den, Ju den, Ja kob. In sel, I gel, Wäl der, Mau ern, Na sen, Na deln, Ta ge, Zei len, Docht, Ding e. — Die Jä ger hal ten Jag den.

p P P

der — die — das

P Pech, Paul, Puls, Post, Pult, Pelz;
Peit sche, Pu del, Pul ver, Per len, Päch ter.
Dach, Vers, Tau be, Jagd, In sel, Gar ten.
— Der Pelz hält warm. — Das Pul ver
ist fein.

f F F

der — die — das

F Fisch, Fach, Feld, Fest, Fels, Falk, Filz,
Feind; Fe dern, Fä cher, Fel der, Fi sche,
V Far ben, Feu er, Fich te, Fei le. Joch, Tag,
In sel, Zeug. Vers, Volk, Va ter, Win ter.
— Die Fich ten ha ben Na deln.

k K K

der — die — das

K Koch, Keil, Keim, Kost, Kopf, Kern, Kalb,
Korn, Kind, Korb, Kelch, Kalk, Kork;
G Kö nig, Kai ser, Gü ter, Ar beit, Wän de,
Far be, Veil chen, Rän der. — Die Kin der
dür fen ler nen.

e E E

der — die — das

E (C, G) End, Erz; En te, Er de, E sel, Erb se, E va, Er le, En ten, Er ze, Erb sen. Gar ten, Sa me, Feu er, Kü che. — Wir le ben auf der Er de. — Die Erb sen wer den ge kocht.

D, T, E, I, J, P, F, K, Z,

Zei chen, Zung e; Dör fer, Doch te; Os kar.
Toch ter, Tau be; In sel, Il tis; Jün ger,
Jag den; Pul ver, Peit sche; Fel sen, Fel der,
Far be; Ver se. Kir che, Kar te, Kin der;
Gar ben. En de, Er de, El tern; Gar ten.

O, A, G, S, N, R, V, M, W,
I, J, F, T, D, Z, P, K, E,

l L L

der — die — das

L Laub, Leib, Laut, Loch, Leim, Luft, Lärm, Lust, Licht, Land, Last, Lü ge, Ler che, Lich ter, Lei ter, Lei ber; Fach, Joch, Ort, Rad, Nacht. — Der Mensch hat ei nen Leib und ei nen Geist.

b B B

der — die — das

B (B, V) Buch, Bach, Busch, Bad,
Bär, Baum, Beil, Bein,
P Burg, Bart, Band, Berg, Bild, Bast,
Birn; Bän der, Bäl ge. Nest, Rind, Volk,
Pelz, Pult, Fisch; Ver se, Wör ter. —
Der Bau er be baut das Feld.

h H H

der — die — das

H Hut, Hof, Heu, Haus, Hirt, Halm, Hals,
Herz, Hand, Heft, Holz, Hemd, Hund,
Herd. Licht, Band, Fisch, Vers, Tag. —
Das Herz ist in dem Leib. — Der Hirsch
läuft durch den Wald.

u U U

der — die — das

U U fer, U hu, Ul me, Un fug, Un heil,
Ur laub, Um weg, Ul men, Un schuld,
O fen, Al tar, Er de, In sel. — Was ist
ei ne Ul me?

sch Sch *Sch*

der — die — das

Sch Schaf, Schein, Schaum, Schirm, Schild, Scherz, Schuld; Schu le, Schü ler. Sei te, Sor ge, Ro se, Säu me. — Der Schäfer hü tet die Scha fe.

x X

x X

der — die — das

X — x, x — Max, Axt; Felix, Taxe, Xaver, Xer xes. Ochs, Fuchs; flugs. Wir sind fix und fertig. Max und Fe lix sind Na men.

Ä Ö Ü

ä Ä (Ae), ö Ö (Oe), ü Ü (Ue),

der — die — das

Ä Är mel, Är ger, Aem ter. En te, Er de, En de, Er ze, Er ben.

Ö Öl; Ö fen, Ör ter, Oel baum. E sel, E va, Or te, Or gel.

Ü Ü bel, Ueb ung, Ur laub, In sel, Um weg, Jag den, Il tis, Jä ger. — Das Oel ist in Lam pen.

au Au

Au Au; Au ge, Au gen, Au gust. Amt, Al tar, Or gel, En de, U fer, Aer mel, Oe fen, Ue bel. — Im Au gust ist es warm.

ai Ai, ei Ei,

Ai Aich napf, Mai, Laib, Rain; Wai se, Wai sen. — Im Mai ist es schön.

Ei Ei, Ei sen, Ei chel, Ei che, Ei fer. — Die Ei er sind rund.

äu Äu, eu Eu,

Äu Äug lein. Ei mer, Au ge, Ei che. Aem ter, Ul men, Ang el, Äm ter.

Eu Eu le, Eu ter, Eu len, Eu gen. — Die Ei er ha ben har te Scha len.

U, L, B, H, Sch, X, Ä, Ö, Ü,
Au, Ai, Ei, Eu, Äu.

Ler che, Lich ter; Bil der, Veil chen; Hun de, Hir ten; Ul me, Ur laub; Schir me, Sol dat; Xer xes, Aer mel, Oer ter, Ü bel; Au gen, Kai ser, Ei sen, Äug lein, Eu le.

O, A, G, S, N, M, R, V, W, Z, D, T, I, J, P, F, K, E, L, B, H, U, Sch, X, Ä, Ö, Ü, Au, Ai, Ei, Eu, Äu.

Die We ber we ben. Die Fi scher fi schen. Die Ger ber ger ben. Die Tisch ler ho beln. Die Mau rer mau ern. Die Bau ern sä en. Die Jä ger ja gen. Die Rei ter rei ten. Die Kut scher ha ben Peit schen. Die Schä fer hü ten die Scha fe.

a A, e E, i I, o O, u U — ä Ä, ö Ö, ü Ü — ei Ei, ai Ai, au Au, eu Eu, äu Äu — b B, p P, d D, t T, g G, k K — f F, v V, s ſ S, z Z, ſch Sch, h H, ch — l L, r R, w W, j J, m M, n N, ng —

Die Ö fen wär men. Die Gei gen tö nen. Die Veil chen duf ten. Die Wür mer na gen. Die Rin der wei den. Die Hun de wa chen. Die Wöl fe heu len. Die Scha fe mä en. Die Ler chen ſing en. Die Kin der ler nen.

pf, pſ, pl, bl, pr, br.
Pf, Pſ, Pl, Bl, Pr, Br.

Pfau, Pfeil; pfeif, pfui; Pſal men, Pla ge; plau dern; Blei, Blu me; blau.

Preis; prü fen; Brod, Bru der; breit, braun.

fl, fr, schl, schw, schm, schn, schr.
Fl, Fr, Schl, Schw, Schm, Schn, Schr.

Fleisch, flach; Frau, Freu de; frei, frisch. Schlaf, Schlei er; schlau, schleich, schling. Schwan, Schwein, Schwe fel; schwer, schwach, schweig.
Schmach; schmal. Schnur, Schnei der, Schna bel.
Schrot, Schrau be; schräg, schreit.

tr, dr, kl, gl, kr, gr, kn, gn, zw.
Tr, Dr, Kl, Gl, Kr, Gr, Kn, Gn, Zw.

Traum, Trau be; träg. Dra che; drei.
Kleid, Kla ge; klar, klein, kling. Glas; gleich.
Krug; krach. Gras; grau, grün.
Kna be, Kno chen; knir schen. Gna de; gnä dig.
Zweig, Zwei ge; zwei, zwing.

Pf, Ps, Pl, Bl, Pr, Br, Fl, Fr, Schl, Schw, Schm, Schn, Schr, Tr, Dr, Kl, Gl, Kr, Gr, Kn, Gn, Zw.

Pfer de, Psal men, Pla gen, Blu men, Prei se, Bra ten, Fla sche, Früch te, Schlä ge, Schwä ne, Schmer zen, Schnei der, Schrei ner, Trich ter, Dre scher, Kläng e, Glä ser, Krän ze, Grä ber, Kno ten, Gna de, Zwer ge.

Die Jä ger ha ben Flin ten. Die Schnei der ma chen Klei der. Die Flei scher schlach ten Schwei ne. Die Gla ser ma chen Fen ster. Klei ne Kin der schrei en. Bra ve Kna ben ler nen.

ſt St

Stab, Steg, Stein, Staub, Stich, Stu be, Ster ne; steig, stark. — Hu sten, Klo ster.

Sp, sp, Spur, Span, Spei se; spür, spar, spät. — Ha spel, Kno spen.

Die Stör che bau en Ne ster. Die Spech te sind Vö gel. Die Vö gel ha ben Schnä bel. Die Kreb se knei pen. Die Blu men wer den aus Kno spen. Die Krän ze macht man aus Blu men. Auf Grä bern sind oft Krän ze.

Brand, Frucht, Frost, Freund, Glanz, Gruft, Kraft, Kranz, Krebs, Knecht, Pfund, Psalm, Specht, Storch, Schwert, Schmerz, Schrift, Trost, Zwirn — blond, bricht, fragt, bleibt, drischt, fremd, glaubt, kracht, krank, pfeift, schlägt, schläft, schwarz, trägt, zwölf.

Das Pferd läuft. Der Krebs kneipt. Der Sturm braust. Der Zwerg ist klein. Ist das Schwert scharf? Ist das Kind brav?

Das **Pferd** ist stark und schön. Sein Schweif ist lang. Das Pferd läuft gut. Es trägt den Rei ter. Der hält den Zaum. Manch mal braucht er den Sporn. Man darf dem Pfer de nicht zu schwer la den. Auch darf man es nicht schla gen. Es spürt den Schmerz so gut, wie der Mensch.

Der **Storch** ist ein Vo gel. Sei ne Bei ne sind lang. Man meint, er stän de auf Stel zen. Sein Nest ist auf dem Da che. Er hält sich gern am Tei che auf.

Da sucht er sich Frö sche. Die Kin der ru fen dem Storch ger ne nach. Er bleibt nicht stets bei uns. Im Win ter reist er fort in war me Län der.

Die Bäu me sind im Gar ten, Feld und Wald. Sie wer den aus Ker nen. An den Bäu men sind Ä ste, Zwei ge u. s. w. Vie le Bäu me ge ben uns gu te Früch te, Ä pfel, Bir nen, Kir schen und Zwetsch gen. Von den Bäu men im Wal de ha ben wir Holz. Aus dem Hol ze macht man den Tisch, die Bank, den Schrank und auch den Sarg. Wo zu braucht man das Holz noch?

Ich bin noch jung und klein. Ich bin ein Kind. Der Leib ei nes Kin des ist noch schwach, spä ter wird er stär ker. Wer ge sund ist, mag sich freu en. Manch mal sind die Kin der krank. Da ha ben die El tern Sor gen und Pla gen. Die Kin der wer den da für dank bar sein. Ein gu tes Kind ge horcht ge schwind.

IV.

ll, rr, nn, mm,

Null, Ball, Schall, Teller; voll, soll, hell, wollen. Füll den Krug! — Sei still!

Herr, Geschirr; irr, starr, sperren; bellen, brüllen. Das Gras wird dürr. — Murr nicht!

Sinn, Zinn, Donner, Männer; renn, dünn, können, Fall, Herren. Wer ist ein Mann?

Lamm, Kamm, Himmel, Sommer, Stämme; dumm, stimm. Wall, Kinn. Sei fromm!

tt, pp, ff, ss,

Ritt, Schutt, Bett, Mutter, Butter; satt, bitt, nett, rett, glatt. Mann, Herr. Gott ist gut.

Papp, Rapp, Trupp; Suppe, Kappe; papp. Fell, Blatt. Hopp, Pferd chen lauf Ga lopp!

Schiff, Riff, Griff, Löffel, Griffel; triff. Schall, Kamm. Der Muff macht warm.

Wasser, Messer, Gasse, Kessel, Fässer; essen. In den Fässern ist oft Wasser.

gg, bb, dd, dt,

Egge, Roggen, Dogge, Flagge; flügge. Sinne, Lämmer, Herren, Betten, Schiffe.

Krabbeln; tappen, kommen, bitten, wetten; Gassen, Sonne, Wälle, Truppen, Blätter.

Widder, Trobbel. Puppe, Schiffe, Betten. Männer, Tannen, Rappen, Griffe, Ritter.

Stadt; beredt, gewandt, verwandt, gesandt. Latten, Wetter, Puppen, Schiffer, Wasser.

ck (kk) 

Weck, Sack, Eck, Schock, Stück, Mücke, Stöcke; dick, back, schick, hacken, rücken. Schiff, Fell, Herr, Mann, Kamm. Bäcker, back Weck! Was hat der Bock auf dem Kopf? — Wer macht den Rock? —

tz (zz) 

Netz, Putz, Sitz, Witz, Satz, Schutz, Katze, Blitze, Plätze; setz, putz, schütz, nütz, schnitz, stützen, spitzen. Bock, Blatt, Knall, Schwamm. Setz dich! Da ist ja ein Sitz. — Der Blitz kommt aus den Wolken.

ß (ſſ, ſ) 

Faß, Roß, Riß, Schuß, Biß, Fluß; laß, naß, daß blaß. Putz, Rock, Haus, Gans, Kranz, Mops, Krebs; des, was, aus; Eis, Most. Der Fluß rauscht. — Das Roß schnaubt. — Das Faß ist aus Holz gemacht.

Fuß, Maß, Gruß, Kloß, Floß, Buße, Gefäß; heißen, reißen, beißen, fleißig, stoßen, grüßen, flößen, heiß, süß, muß, aß, groß. Der Mensch hat zwei Füße. Wozu?

aa, ee, oo, ie,

Haar, Saal, Saat, Aas, Aal, Staar, Paar, Waare. Der Aal ist ein Fisch.

Beet, See, Meer, Schnee, Klee, Kaffee, Seele, Meere; leer. Der Schnee ist weiß.

Moos, Boot, Moor, Loos; Staaten, Beete. Das Moos ist immer grün.

Sieb, Stiel, Kies; Wiese, Schiefer; spielen, sieben. Das Meer ist tief und groß.

ah, äh, oh, öh, uh, üh,

Jahr, Zahn; lahm, zahm. Der Hahn hat einen Kamm. — Ähre; zähl, viel, leer. Der Hund hat scharfe Zähne.

Sohn, Ohr; froh, hohl. Mit den Ohren kann man hören. — Öhr, Röhre, Höhle. Die Söhne sollen dem Vater folgen.

Uhr, Huhn, Ruhe, Schuhe. Die Kuh gibt uns Milch. — Müh, Mühle; kühl, früh, blühen. Die Hühner legen Eier.

eh, ih, eih, auh, ieh, th, rh.

Reh, Mehl, Lehm; weh, zehn, sehr, gehen. Zähne, Röhre. — Ihn, ihm, ihr, ihnen, ihren. Stiefel, Lieder. Das Reh ist furchtsam.

Weiher; leih, seih. Sieb, Stiel, Wiese. — Rauh — Vieh, zieh, fliehen. Das Vieh zieht.

Loth, That, Pathe; thun; trag, drei. — Rhein, Rhön. Der Rhein ist ein Fluß.

Das Blut ist roth. Das Mehl ist weiß. Der Thon ist zäh. Das Dach ist schief. Das Fell ist warm. Die Haare sind fein. Der Zucker ist süß. Die Biene ist fleißig.

Die Schwalben fliegen. Die Hähne krähen. Die Hühner glucken. Die Staare pfeifen. Die Rosse rennen. Die Kühe blöken. Die Fische schwimmen. Die Bären brummen. Die Hunde knurren.

Wolle, Sohle; Welle Seele; Wille, Mühle; Karre, Jahre; Tanne, Fahne; Sonne, Bohne; Rinne, Biene; Kette, Becte; Puppe, Bube; Rosse, Rose.
Gries, Kreis; hielt, heilt; briet, breit; fiel, feil; hieß, heiß; dien, dein; sie, sei; sieh, seih.

Die Fenster klirren leicht. Die Thiere haben Futter. — Die Karre wird bewegt. Die Waare wird verkauft. — Mit dem Hammer kann man klopfen. Wir wissen unsre Namen. — Die Kette hat Glieder. Im Garten sind Beete. — Die kleinen Mädchen spielen mit Puppen. Die Buben haben Kappen. — Die Affen machen Alles nach. Die Schafe haben Wolle. — Die Rosse laufen schnell. Die Rosen blühen schön.

Die Schule.

Die Kinder gehen in die Schule. Da sollen sie recht lernen. Der Lehrer erzählt ihnen gar Vieles. Er zeigt, wie man lesen, schreiben und rechnen soll. Auch lehrt er singen und beten. Gute Kinder folgen dem Lehrer. Sie gehen gern in die Schule.

Bin ich gleich noch jung und klein,
Kann ich doch schon fleißig sein.

Was die Thiere lernen.

Die Hähne lernen krähen; die Schafe lernen mäen; die Tauben lernen fliegen; es meckern alle Ziegen; die Staaren lernen plappern; die jungen Störche klappern; das Haschen lernt das Kätzchen; das Naschen lernt das Spätzchen. Die Alten zeigen, wie sie's gemacht; die Jungen folgen und geben Acht und machen es dann selber.

Rathet einmal!

Welches Häuschen hat kein Dach? Welches Faß hat keine Reifen? Welcher Apfel wird nicht reif? Was ist im Sommer kalt, im Winter aber warm? Alte Leute stütze ich; — faule Kinder fürchten mich.

Wörter mit drei und mehr Silben, Aus- und Anlauten.

Brauerei, Finsterniß, Dankbarkeit, Nachbarin, Eigenthum, Dienerschaft, Bezahlung, Sicherheit, Kämmerchen, Liederbuch, Fingerhut, Vaterhaus, Hausvater.

Aufmerksam, unglücklich, geduldig, tugendhaft, genügsam, gefühllos, undankbar.

Gehorchen, berathen, erfahren, versuchen, empfangen, urtheilen, antworten, entgehen, zerreißen, verderben, vertreiben, zerschneiden, reinigen, versprechen, erhalten, vollenden, mißbrauchen.

In der Finsterniß ist nicht gut wandeln. — Zur Dankbarkeit sei stets bereit! — Das Kind soll seinen Eltern kein Ärgerniß bereiten. — Sei schon in der Jugend arbeitsam!

Obst, Dampf, Kunst, Sumpf, Furcht, Durst, Markt, Fürst, Angst, Arzt, Krampf.

Ißt, bäckt, sitzt, rennt, pappt, hilft, tüncht, sinkt, glänzt, jauchzt, seufzt, zwirnt — nichts, links.
Du sagst, lebst, schonst, sparst, suchst, drängst.

Der Baum wächst. Der Wein stärkt. Die Grille zirpt. Der Rabe krächzt. Der Mensch denkt. Der Fleißige lernt. Der Bäcker bäckt. Der Fürst regiert. Der Kranke seufzt. Der Arzt hilft.

Pflug, Pflock, Pfropf, Spreu, Sprung, Strom, Strich, Strauch, Strauß, Streit, Strumpf; Sklave, Pfrieme, Splitter, Sprache, Straße.

Der Strom rauscht. Der Sklave dient. Der Strumpf wird gestrickt. Die Straße wird gekehrt.

Sonnenstrahlen, Fensterscheiben, Waarenlager. Überschicken, unterrichtet, unbescheiden.

Wer impft, schimpft, kämpft, stampft?
Du nimmst, gönnst, sinnst, schaffst, füllst, murrst, folgst, hilfst, salbst, trinkst, stopfst, wirfst, horchst, sorgst, wirkst, lernst, wärmst, hüpfst, quirlst, pfropfst.

Ernst, Herbst. — Die Rosenstöcke werden gepflanzt. Die Obstbäume werden gepropft. Das Erdreich wird durch die Sonnenstrahlen erwärmt.

Der Getreideboden, der Ameisenhaufen.

Du kämpfst, dämpfst, schimpfst, stampfst.

Auf dem Getreideboden liegt das Getreide. — In einem Ameisenhaufen sind viele Ameisen.

Die Gemeindeverwaltung; der Kanarienvogel.
Haus, Wohnort, Marktflecken, Bürgermeister, Regierungsbezirk, Gemeindeversammlung.

Der Hase flieht. Der Kukuk schreit. Das Eichhörnchen klettert. Die Papageien lernen etwas plaudern. Die Vögel fressen Ameisenpuppen. Die Kanarienvögel sieht man oft in Zimmern.

Ich bin ein Mensch. An meinem Leibe sehe ich viele Theile. Die Haupttheile sind der Kopf, der Rumpf und die Gleder. Am Kopfe befinden sich die Augen, die Ohren, die Nase und der Mund. Mit den Augen kann man sehen, mit den Ohren aber hören. Durch die Nase riechen wir, und durch die Zunge schmecken wir. Am ganzen Körper können wir fühlen. Der Mensch hat also fünf Sinne; sie heißen: das Gesicht, das Gehör, der Geruch, der Geschmack und das Gefühl. Manche Menschen haben nicht alle Sinne. Einige können nicht sehen, und andere können nicht hören. Wer alle Sinne hat, ist glücklich.

Der kleine Gernegroß.

War einst ein kleiner Gernegroß, fünf Jahr alt und ein halbes bloß. Ei — spricht er — ich bin nicht mehr klein; ich kann gar wohl ein Herr schon sein!

Er nimmt des Vaters Stock und Hut und läuft hinaus mit stolzem Muth und merkt es nicht, der kleine Tropf, daß halb im Hute steckt der Kopf.

Und alle Leute bleiben stehn und lachend auf das Herrchen sehn: Ei Hut, was hast du denn im Sinn, wo willst du mit dem Jungen hin?

Das Büblein auf dem Schulweg.

Das Hündchen bellt hau, hau! Das Kätzlein schreit miau! Das Kälbchen brummt mu, mu! Das Täublein schreit ru, ru! Wie schreit das Büblein denn, wenn's soll zur Schule gehn? Das Büblein soll nicht schrei'n; es geht ja gern hinein.

Wie sich die Thiere nähren.

Die Tauben fressen Wicken; die Schwalben fangen Mücken; die Schafe fressen Gras; die Raben speisen Aas; die Störche haschen Schlangen; die Katzen Mäuse fangen; die Kuh liebt Heu und Stroh; ein Korn macht's Spätzlein froh; die Staare fressen Spinnen; die Ente schlürft aus Rinnen; das Schwein wühlt im Morast; ich möcht nicht sein ihr Gast.

Räthsel.

Wer ist recht klug, wer ist recht schlau, dem schüttl' ich was vom Bäumchen, 's ist innen gelb und außen blau, hat mitten drin ein Steinchen.

Erst seh ich weiß, wie Schnee; dann bin ich grün, wie Klee; dann werd ich roth, wie Blut, — schmeck allen Kindern gut.

V.

Fremde Buchstaben.

Verschiedenheit der Aussprache und Schreibung mancher Laute.

q Q (qu=kw, gw)

Qual, Quint; Qualm, Quelle, Quaste; quer, bequem, quetschen, quälen, quaken. Die Frösche quaken. Quäle nie ein Thier zum Scherz! Q, Q.

y Y (i)

Syrup, Tyrol, Bayern, Ypsilon. Taxe, Qualen. Bayern ist ein Land. Der Buchstabe y Y heißt Ypsilon. Alexander und Felix sind Namen. — y, v —

c C (z, k)

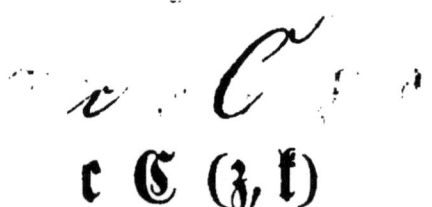

(Vor e, i, ä und ö wie z — sonst wie k.)

Centner, Citrone, Recept, Medicin, Centrum, Cigarre, Capelle, Confect, Clavier, Concert, Scepter. Ein Centner wiegt hundert Pfunde. C, C — c, c —

ch Ch  (k)

Chor, Christ; Choral, Chöre, Christian, Christine; christlich; Chirurg. Kinder, Gärten, Erze, Ehe. — In der Kirche sind oft Chöre. Der Choral ist ein Kirchengesang.

ph Ph (f)

Joseph, Stephan, Epheu, Prophet, Philipp, Christoph; Maximilian. Adolph und Rudolph sind Namen. Joseph wurde verkauft.

Q, D — C, E — c, e — y, v —

Die Ceder ist ein Baum. Der Epheu ist oft an den Mauern. Die Myrte ist ein schöner Baum. Die Citrone schmeckt säuerlich. Die Quitte ist eine Frucht. Die Camille ist eine Blume. Der Syrup ist ein süßer Saft. Die Cigarre wird geraucht. Der Centner ist schwer.

Das Alphabet.

a A, b B, c C, d D, e E,

a, be, ce, de, e,

f F, g G, h H, i I, j J,

ef, ge, ha, i, jot,

k K, l L, m M, n N,

ka, el, em, en,

o O, p P, q Q, r R, ſ S,

o, pe, ku, er, es,

t T, u U, v V, w W,

te, u, vau, we,

x X, y Y, z Z.

ix, ypsilon, zet.

Adam, Bernhard, Christoph, Daniel, Ernſt, Friedrich, Georg, Heinrich, Ignaz, Johann, Karl, Ludwig, Martin, Nikolaus, Otto, Paul, Peter, Richard, Stephan, Theodor, Ulrich, Valentin, Wilhelm.

Anna, Barbara, Chriſtina, Dorothea, Eva, Friederika, Gertraud, Hanna, Ida, Julie, Klara, Laura, Margaretha, Nanette, Ottilie, Pauline, Regina, Roſina, Suſanna, Thereſe, Wilhelmine.

ti (zi)

(Vor allen Stimmlauten wie zi.)

Nation, Portion, Patient, Station, Lection, Pontius, Ration. — Wir essen oft eine Portion Fleisch. — An der Eisenbahn sind viele Stationen.

Ochs, Fuchs, Dachs, Lachs, Wachs, sechs; Achsel, Wichse, Büchse; wachsen, wechseln. Max, Taxe; flugs, wags; Tabaks; Bocks, drücks. Deckst du den Tisch? — Geh flugs heim! — Hole ein Pfund des besten Tabacks!

Ring, Finger, Dank — Ankauf, Unglück. — Bach, Tag, Woche, Bogen, Buch, Pflug, hauchen, taugen — ich, flieg, recht, mög, tüchtig, lügen, weichen, zeigen, leuchten, beugen — Stuhl, Spiel — Fürst, Husten, Haspel — Knabe, Löwe, Arbeit, Grab, Lied.

Leben, Lämmer, Rose, Väter, Wörter, Seele, Wege — Kaiser, Seite, Laib, Leib, Traube, Baum, Strauch, Rauch, Leute, Käufer, Wiese, Wiege, Vieh, Brief — Georg, Kain, Isaak, Joab, Michael.

Stimmen der Thiere.

Der Storch klappert. Die Schwalbe zwitschert. Die Ente schnattert. Die Henne gackert. Der Hahn kräht. Der Papagei schwatzt. Der Pfau schreit. Die Taube girrt. Die Lerche trillert. Der Staar pfeift. Die Ziege meckert. Das Schaf blökt. Die Kuh brüllt. Das Pferd wiehert. Die Katze miaut. Der Hund bellt. Der Wolf heult. Der Käfer summt. Die Grille zirpt. Der Frosch quakt. Die Schlange zischt.

Aale, Jahre, Vater, hat, Saal, Mauer, Saite; — Bäume, Dächer, Väter, nehmen; — See, Zehe, Ente, je, hielt, liegt, leicht, heult; — wir, Bier, ihm, Vieh, Himmel, mit, Ypsilon, Waise, seit; — vor, Sohle,

Moos, Ofen, offen; — gehört, Höhle, Röschen, Röcke; — Uhr, zu, zur, Haut, Häute, Leute, quälen; — Mühle, Syrup, für, Fürst.

Wie schallt es?

Die Thür knarrt. Das Fenster klirrt. Die Peitsche knallt. Der Wagen rollt. Der Regen rauscht. Der Wind heult. Die Flamme knistert. Der Schnee knirscht. Das Wasser saust. Der Donner rollt. Die Trompete schmettert. Die Glocke klingt. Die Saite tönt. Die Rede schallt. Die Uhr tickt und schlägt.

Birnen, Pinsel, Ebbe, Suppe, traben, ab, Joseph; — Ceder, Ziel, bereits, Blitz, ganz, Gänse, Concert, Hacke, Sache; — Dörfer, Tafel, Thon, Stadt, Bett, Widder, Rad, Drath, Gnade; — Schafe, Vater, Philipp, Pferde, Waffen; — Gabe, Tag, Quelle, legen, reichen, suchen, Egge, Gesang; — Höhe, Vieh, Theil, Rhein; Jäger, Garten, Feuer; — Kreis, Christ, Caserne, Greis, Quaste, Haken, Acker, Roggen, Axt, Fuchs, Tags, links.

Peter, Becher, Prophet, Pfeil, Lippe; — Loos, Schooß, Fuß, Roß, Rosse, Axt, Spiegel, Stein, Schall, Rose, Durst; — Vater, hat, Nation; — ewig, Qualm, Knabe; Zange, Plätze, Centner, Station; Schlange, Unglück, Ignaz, Bänke, Ankauf; Achsel, Nächster, Gläschen.

Die Aale schwimmen. Die Bäume blühen. Die Cedern wachsen. Die Dornen stechen. Die Esel schreien. Die Fische schnalzen. Die Gänse schnattern. Die Hirsche laufen. Die Igel stechen. Die Jäger schießen. Die Katzen krellen. Die Lämmer blöken. Die Menschen sterben. Die Netze reißen. Die Orgeln tönen. Die Pelze wärmen. Die Quellen rieseln. Die Rosen blühen. Die Sterne funkeln. Die Tropfen rinnen. Die Ulmen grünen. Die Vögel fliegen. Die Würmer kriechen. Die Pferde wiehern. Die Zweige brechen.

Ähre, Ehre, Öhr; bang, Bank; Bund, bunt; Beete, bete; Bären, Beeren; dringen, trinken; dehnen, tönen; Thier, Thür; drei, treu; Ende, Ente; Eier, euer; fiel, viel; Feder, Vetter; füllen, fühlen; Gasse, Kasse; Güter, Gitter; Heide, heute; Hüte, Hütte; ihren, irren; Krüge, Krücke; Lamm, lahm; Magd, macht; nein, neun; Regen, Rechen; Schiefer, Schiffer; Thränen, trennen; Wirth, wird; Ziegel, Zügel.

Arme, Armee — Neubau, Geschrei — lobe, verzeih — Alter, Altar — Vollmond, vollbracht — Haushalt, halt aus — daher, daheim — Vorhang, voraus — Anhöhe, erhöhe — Ruhe, juhe — Uhu, huhu — Donau, Verhau — Oheim, o Herr — heisa, o weh — Heumarkt, hievon — Freitag, Neujahr — einmal, zweimal —

. , ; ? ! : —

Du bist ein Kind. Die Kinder sollen fleißig sein, damit sie Vieles lernen. — Sprich nur, was was wahr ist; dann wird man deinen Worten gerne glauben. Was thut ein frommes Kind? — Gehorche deinen Eltern! Gott hat geboten: Du sollst deinen Vater und deine Mutter ehren. — Horch! — es donnert.

Was hast denn du?

Die Schnecke hat ein Haus, ihr Fellchen hat die Maus, der Sperling hat Federn fein, der Schmetterling schöne Flügelein. Nun sage mir, was hast denn du? „Ich habe Kleider und Schuh, und Vater und Mutter und Lust und Leben, das hat mir der liebe Gott gegeben.“

Was ist das?

Oben spitzig, unten breit, durch und durch voll Süßigkeit; weiß am Leibe, blau am Kleide, kleiner Kinder große Freude.

Was ist denn das?

Vom Felde kommt's in die Scheune, vom Flegel dann zwischen zwei Steine, aus dem Wasser endlich in große Gluth, dem Hungrigen schmeckt es allzeit gut.

Lateinische Druckschrift.

1. Die kleinen lateinischen Buchstaben.

i u e o a l b n
i u e o a l b n

in nun leb lob an
in nun leb lob an

ab, loben, leben, beben, laben,
ob, neben, bin, beb, lab, man, oben.

m r j t d p f g
m r j t d p f g

im red jot papp feg
im red jot papp feg

der, ja, beten, fallen, pumpen,
den, mal, geben, jagen, finden.

k h q v w z c ch
k h q v w z c ch

koch zahl quer vom wir
koch zahl quer vom wir

kommen, vornen, wagen, qualmen, danken,
walten, borgen, zanken, regen, denken, werfen.

ſ ß ſſ ß ſch x ŋ ng
s s ss sch x y ng

ſo waß laſſen weiß haſch
so was lassen weiss hasch

halten, sagen, schelten, hangen, fix, wissen, etwas, nach, fassen, sehen, reich, heissen.

ä ö ü äu
ä (æ) ö (œ) ü (ue) äu (æu)

zähl löß führen müde räumen
zähl lös führen muede räumen,

mœgen, lügen, rauchen, laichen, räuchern, leuchten, weinen, sægen, schauen, sæumen.

e, c — b, h — b, d — n, u. —

schicken, zeigen, quälen, zanken, pfeifen, steigen, kaufen, merken, suchen, waschen, danken, lärnen, mengen, salzen, rechnen, warten, hängen, lüften, zünden, segnen, höflich, artig, hungrig, durstig, gesund, morgen, gestern, niemals, vornen, hinten, seid artig, gütig, frisch, frei, fröhlich, fromm — liebet einander — lasset euch nicht verführen — wer etwas kann, den hält man werth.

i u e o a l b n m r
i u e o a l b n m r

j t d p f g k h q v
j t d p f g k h q v

w z c ch ſ s ſſ ß ſch x

w z c ch s s ss sch x

y ng ä ö ü äu

y ng ä (æ) ö (œ) ü (ue) äu (æu)

2. Die großen lateiniſchen Buchſtaben.

O B R K T D U

O B R K T D U

Ort, Bild, Rad, Kern, Tag, Dank, Uhr,

Ort, Bild, Rad, Kern, Tag, Dank, Uhr,
Dorn, Topf, Kind, Rand, Brod, Ofen, Ufer,
Bier, Rock, Korb, Tafel, Daumen, Orgel.

I J L A N M P

I J L A N M P

Igel, Jahr, Leib, Arm, Nacht, Mond, Pack,

Igel, Jahr, Leib, Arm, Nacht, Mond, Pack,
Null, Meer, Nest, Lust, Ast, Joch, Macht,
Art, Mund, Pech, Lob, Insel, Júbel, Perle.

S V W E F H Z

S V W E F H Z

Sand, Vers, Wand, Erz, Fall, Haus, Zeit,

Sand, Vers, Wand, Erz, Fall, Haus, Zeit,
Sack, Wind, Volk, Fuhr, Pelz, Recht, Korn,
Buch, Recht, Trog, Preis, Amt, Null, Mund.

G C Q X Y Ch Sch

G C Q X Y Ch Sch

Geld, Ceder, Qual, Xaver, Ysop, Chor, Schall,
Geld, Ceder, Qual, Xaver, Ysop, Chor, Schall,
Garn, Centner, Quelle, Xerxes, Ypsilon, Chöre,
Schiffe, Arme, Güter, Häuser, Concert, Geigen.

Ä (Ae) Ö (Oe) Ü (Ue) Äu (Aeu)

Ä (Ae) Ö (Oe) Ü (Ue) Äu (Aeu)

Ähre (Aehre), Öl (Oel), Übel (Uebel), Äuglein,
Ähre (Aehre), Öl (Oel), Übel (Uebel), Äuglein,
Eier, Aichmass, Euter, Qualm, Stall, Oefen,
Aerger, Uebung, Christen, Xerxes, Abend, Bäche.

O, Q — O, D — B, R — E, F — C, G —

Arbeit, Bücher, Ceder, Christen, Dornen, Ernte,
Feuer, Garbe, Häuser, Insel, Jagden, Kammer,
Lerche, Mauer, Nächte, Ofen, Perlen, Quelle, Rose,
Sonne, Stege, Schule, Tafel, Uhren, Verse, Wände,
Xaver, Ysop, Zange, Augen, Eisen, Eulen, Äuglein,
Ähre, Öfen, Übel, Störche, Schüler, Spiele, Zeichen,
Daumen, Taufe, Insel, Bäche, Perlen, Dächer, Tage,
Feuer, Vater, Philipp, Gabel, Kirche, Christen,
Quelle, Inseln, Joche, Güter, Ceder, Zeichen,
Orgel, Qualen, Öfen, Daumen, Bilder, Rinder.

O B R K T D U I J L

O B R K T D U I J L

A N M P S V W E F

A N M P S V W E F

H Z G C Q X Y Ch Sch
H Z G C Q X Y Ch Sch

Ä (Ae) Ö (Oe) Ü (Ue) Äu (Aeu)
Ä (Ae) Ö (Oe) Ü (Ue) Äu (Aeu)

a A, b B, c C, d D, e E, f F,
a A, b B, c C, d D, e E, f F,
a A, b B, c C, d D, e E, f F,

g G, h H, i I, j J, k K, l L,
g G, h H, i I, j J, k K, l L,
g G, h H, i I, j J, k K, l L,

m M, n N, o O, p P, q Q,
m M, n N, o O, p P, q Q,
m M, n N, o O, p P, q Q,

r R, s S, t T, u U, v V, w W,
r R, s S, t T, u U, v V, w W,
r R, s S, t T, U u, v V, w W,

x X, y Y, z Z.
x X, y Y, z Z.
x X, y Y, z Z.

Denksprüche.

Gott ist die Lieb und will, daß ich
Den Nächsten liebe gleich als mich.

Ein braves Kind thut seine Pflicht,
Sehn es auch gleich die Eltern nicht.

Was du nicht willst, daß man dir thu,
Das füg auch keinem Andern zu.

Quäle nie ein Thier zum Scherz;
Denn es fühlt, wie du, den Schmerz.

Schamhaft und bescheiden sein,
Das steht allen Kindern fein.

Die fleissige, geschickte Hand
Verdient sich Brod in jedem Land.

Wer etwas kann, den hält man werth,
Den Ungeschickten Niemand begehrt.

Wer einmal lügt, dem glaubt man nicht,
Und wenn er auch die Wahrheit spricht.

Verständiger und besser werden,
Das sei stets meine Lust auf Erden.

Gute Sprüche, weise Lehren,
Muss man üben, nicht bloss hören.

VI.

Lesestücke mit Liedern.

1. Der fleißige Schüler.

Sonst war ich klein, jetzt bin ich groß,
Lern lesen, rechnen schreiben;
Sitz nicht mehr auf der Mutter Schooß,
Die Zeit mir zu vertreiben.
Sobald zur Schul' das Glöcklein schlägt,
So greif ich nach dem Buche,
Der Griffel ist zurecht gelegt,
Daß ich nicht lange suche.
Und in der Schule merk' ich auf,
Damit ich Alles lerne.
Drum hat mich auch, ich wette drauf,
Mein Lehrer schon recht gerne.

---

2. Eltern- und Kindesliebe.

Wie wohl ist meinem Herzen, wie heiter ist mein Sinn, wenn ich bei meinem Vater und meiner Mutter bin!

Sie lieben mich so innig; ich bin ihr liebes Kind, und kann nicht fröhlich werden, wenn sie nicht fröhlich sind.

Ich will sie immer lieben, und stets gehorsam sein! Ich will sie nie betrüben, daß sie sich meiner freun!

3. Räthsel.

Ich weiss ein bunt bemaltes Haus;
Ein Thier mit Hörnern schaut heraus,
Das nimmt bei jedem Schritt und Tritt
Sein Häuschen auf dem Rücken mit.
Doch rührt man an die Hörner sein,
Zieht's langsam sich ins Haus hinein.
Was für ein Häuschen mag das sein?

---

4. Die Hausthiere.

Die Kinder sehen viele Thiere. Die lernen sie bald kennen. Sie sehen Hunde und Katzen, Hühner und Tauben, Enten und Gänse, Rinder und Pferde, Kühe und Schafe u. s. w. Diese Thiere bringen uns vielen Nutzen. Der Hund bewacht das Haus; die Hühner legen Eier; die Kühe geben Milch; das Schaf gibt uns Wolle. Wir füttern diese Thiere und halten sie bei unserem Hause. Sie heißen darum Hausthiere.

Kinder, quälet nie die Thiere,
Unbarmherzigkeit gereut;
Wer den Thieren gut begegnet,
Wird dafür gar sehr erfreut.

5. Das Lied vom Pferdlein.

Hopp, hopp, hopp! Pferdlein, lauf Galopp! Ueber Stock und über Steine, rühre nur recht flink die Beine! Hopp, hopp, hopp! Pferdlein, lauf Galopp!

Tipp, tipp, tapp! Wirf mich ja nicht ab! Ueber Gras und über Stege, über krumm' und grade Wege! Tipp, tipp, tapp! Wirf mich ja nicht ab!

Brr, brr, he! Pferdlein, Pferdlein steh! Sollst schon heute wieder springen, muß dir nur erst Futter bringen. Brr, brr, he! Pferdlein, Pferdlein steh!

6. Das Böcklein.

Du Schäckerer, du Mäckerer, hast gar ein zottig Kleide! Nicht neu, nicht alt, nicht warm, nicht kalt, nicht eng und auch nicht weite.

Da spricht der Bock: Mein Zottelrock, der ist mir zehnmal lieber, als ein Gewand von allerhand Tuch, Sammet oder Biber.

Er reißt mir nicht und schleißt mir nicht und kommt nicht aus der Mode. Ich trag ihn von Geburt an schon und trag ihn bis zum Tode.

Ob ihr auch lacht, er ist gemacht mir doch zu einem Putze. Ich schäm mich nicht und gräm mich nicht und trag ihn euch zum Trutze.

7. Frühlingslied.

Kukuk, Kukuk ruft aus dem Wald. Lasset uns singen, tanzen und springen! Frühling, Frühling wird es nun bald.

Kukuk, Kukuk läßt nicht sein Schrei'n. Komm in die Felder, Wiesen und Wälder! Frühling, Frühling, stelle dich ein!

Kukuk, Kukuk, trefflicher Held! Was du gesungen, ist dir gelungen: Winter, Winter räumet das Feld.

8. Der Blumengarten.

Kommt, Schwestern und Brüder, in's Gärtchen zu gehn, da blühen nun wieder die Blumen so schön.

Wir wollen sie pflücken in kindlicher Lust, mit ihnen zu schmücken das Haar und die Brust.

Dann kehren wir wieder zur Mutter zurück, und singen ihr Lieder mit fröhlichem Blick.

9. Frühling und Sommer.

Die Wiese grünt, der Vogel baut,
Der Kukuk ruft, der Morgen thaut,
Das Veilchen blüht, die Lerche singt,
Der Obstbaum prangt: der Frühling winkt.
Die Sonne sticht, die Rose blüht,
Die Bohne rankt, das Würmchen glüht,
Die Kirsche reift, die Sense klingt,
Die Garbe rauscht: der Sommer winkt.

10. Die Störche.

„Die Sonne scheint, der Sommer ist nah, nun sind wir Störche auch wieder da. Wir haben im fernen Land unterdessen nicht unser liebes Nest vergessen. Da steht's noch; nun wollen wir's putzen und hüten, und still drin wohnen und fröhlich brüten."

Sie bauten es aus mit Holz und Stroh, sie waren so eifrig dabei, so froh. Frau Störchin saß drauf drei Wochen lang, da hörte man bald gar mancherlei Klang; vier Störchlein reckten die Köpfchen herauf und sperrten die hungrigen Schnäbel auf.

11. Der Wohnort.

Im Dorfe und in der Stadt wohnen viele Menschen. Sie haben sich Häuser gebaut. Zwischen den Häusern sind Wege oder Straßen. Unter den Häusern kennt man gleich die Kirche. Mit ihrem Thurme ragt sie über die andern Gebäude hervor. Die Kirche ist zum Beten bestimmt. In andern Häusern wird gearbeitet. Die Arbeit der Menschen ist sehr verschieden. Es gibt Kleidermacher und Schuhmacher, Schreiner und Glaser, Maurer und Zimmerleute, Weber u. s. w. Diese nennt man Handwerker. Die Leute, welche das Feld bauen, heißen Bauern Die Lehrer und Geistlichen haben die Menschen zu lehren. Die Soldaten aber müssen für die Sicherheit sorgen. Die Leute, welche am nächsten bei einander wohnen, heißen Nachbarn.

Friedlich wollen wir stets sein.
Uns einander lieben,
Immerdar einträchtig sein,
Andre nie betrüben.

12. Der Schmied.

Ich höre den Schmied; den Hammer er schwinget, das rauschet, das klinget, das dringt in die Weite wie Glockengeläute, durch Gassen und Platz.

Am schwarzen Kamin Gesellen sich mühn; und geh ich vorüber, die Bälge dann sausen, die Flammen aufbrausen, das Eisen zu glühn.

13. Das heitere Kind.

Gott hat uns das Leben zur Freude gegeben. Das Käferchen schnurret, das Bienchen surret, das Vögelein singet, das Lämmlein springet, — es freut sich Alles, drum mach' ich's auch so, bin heiter und froh.

14. Das kranke Kind.

Der Kopf thut mir weh, ich bin so krank, muß nehmen den braunen, bittern Trank; die Mutter sieht so betrübt mich an, daß ich immer nicht aus dem Bette kann. Herr Gott im Himmel, ich bin ja dein; o, laß mich bald wieder besser sein!

15. Das mitleidige Kind.

Der kleine Oberlin ging einmal bei einer Tröblerin vorüber und sah, wie ein armes, altes Weib um ein Kleidungsstück handelte. Weil ihr noch zwei Groschen zum geforderten Preis fehlten, mußte sie es lassen und ging traurig davon. Schnell drückte nun Oberlin der Tröblerin zwei Groschen in die Hand und sagte: „Rufet jetzt die arme Frau und gebt ihr den Rock"; er aber ging eilend davon.

---

16. Das Samenkorn.

Wer merkt's am Samenkorn so klein, dass drin ein Leben könnte sein? Kaum hab ich's in das Land gesteckt, da ist auch seine Kraft erweckt, da dringt es aus der Erde vor, da steigt es in die Luft empor, da treibt's und wächst und grünt und blüht, da lobt den Schöpfer, wer es sieht.

17. Das Häschen.

Häschen saß im grünen Gras, Häschen dachte: Was ist das? Kommt dort nicht der Jäger her mit dem großen Knallgewehr? — Husch, mein Häschen, husch, in den dichten Haselbusch.

Jäger zieht den Hahn schon auf — liebes Häschen, lauf doch, lauf! — Ach jetzt legt er an und knallt, daß es durch die Büsche schallt. Schau, wie Häschen laufen kann, hat doch keine Stiefel an.

18. Der Fuchs.

Fuchs du hast die Gans gestohlen, :,: gib sie wieder her, :,:
:,: sonst soll dich der Jäger holen mit dem Schießgewehr. :,:

Sieh, er ladet schon die Flinte, :,: und dich trifft ihr Schrot, :,:
:,: daß dich färbt die rothe Tinte, und dann bist du todt. :,:

Liebes Füchslein, laß dir rathen, :,: sei doch nur kein Dieb; :,:
:,: nimm, du brauchst nicht Gänsebraten, mit der Maus vorlieb. :,:

19. Vom Büblein, welches das Wasser fürchtet.

Das Büblein fürchtet das Wasser sehr und hat doch ein schmutzig Gesicht. Das Bächlein sieht's und läuft ihm nach; das Büblein gefällt ihm nicht. Das Büblein schreit und springt davon; das Bächlein hat's beim Beine schon. Es zieht das Büblein ganz hinein und wäscht und fegt es sauber und rein.

20. Die Mühle.

Es klappert die Mühle am rauschenden Bach, klipp, klapp! Bei Tag und bei Nacht ist der Müller stets wach, klipp, klapp! er mahlet das Korn uns zu kräftigem Brod, da leiden wir nimmermehr Mangel und Noth. Klipp, klapp! klipp, klapp! klipp, klapp!

Flink laufen die Räder und drehen den Stein, klipp, klapp! und mahlen den Weizen zu Mehl uns so fein, klipp, klapp! Der Bäcker dann Zwieback und Kuchen draus bäckt, der immer den Kindern vortrefflich geschmeckt. Klipp, klapp! klipp, klapp! klipp, klapp!

21. Herbst und Winter.

Das Laub verwelkt, die Schwalbe flieht,
Der Landmann pflügt, das Rebhuhn zieht,
Die Traube reift, die Kelter rinnt,
Der Apfel lockt: der Herbst beginnt.
Der Sang verstummt, die Axt erschallt,
Das Schneefeld glänzt, das Waldhorn schallt,
Die Fluth erstarrt, der Schneeball fliegt,
Der Schlittschuh eilt: der Winter siegt.

22. Die Zugvögel.

Kind: Ihr Vöglein alle, wohin? wohin?
Vögel: Nach wärmerem Lande steht unser Sinn.

Kind: So weit über Berg und Feld und Meer? Verirrt ihr euch nicht gar zu sehr?

Vögel: Der liebe Gott mit seiner Hand, der führt uns immer ins rechte Land.

Das Kind sah ihnen nach so weit. „Zieht hin, ihr habt ein gut Geleit!“ Es blickte zum Himmel dann hinan: „Herr, führe auch mich auf rechter Bahn!“ Der hört es gern in seiner Gnade, bewahrte sie beide auf ihrem Pfade.

---

23. Der Rabe.

Was ist das für ein Bettelmann? er hat ein kohlschwarz Röcklein an, und läuft in dieser Winterzeit vor alle Thüren weit und breit, ruft mit betrübtem Ton: „Rab! rab! gebt mir doch auch einen Knochen ab.“

Da kam der liebe Frühling an, gar wohl gefiel's dem Bettelmann; er breitete seine Flügel aus und flog dahin weit übers Haus; hoch aus der Luft so frisch und munter: „Hab Dank! hab Dank!“ rief er herunter.

---

24. Der Himmel.

Über der Erde sehen wir überall den Himmel. Derselbe sieht gewöhnlich blau aus. Sehr oft ist er auch mit Wolken bedeckt. Am Tage sehen wir die Sonne am Himmel auf- und untergehen. Bei der Nacht aber erblicken wir auch den Mond und die vielen Sterne. Wie schön ist doch der gestirnte Himmel!

Erde, Sonne, Mond und Sterne,
Alles Nahe, alles Ferne
Hat der liebe Gott gemacht;
Ihm sei Lob und Dank gebracht.

---

25. DER LIEBE GOTT.

Wo wohnt der liebe Gott, Mütterchen, der die Blumen wachsen lässt und die Bäume, wie du mir gesagt hast? So fragte der kleine Gustav seine Mutter. — Die Mutter antwortete: Der liebe Gott wohnt im Himmel, aber er ist auch bei uns auf der Erde. Er ist gross an Güte, denn er liebt uns, und wir sind alle seine Kinder. — Bin ich auch sein Kind? fragte Gustav. — Ja wohl, sagte die Mutter, er hat auch dich sehr lieb, lässt auch für dich die Früchte wachsen und die Sonne scheinen, und wacht über dich, wenn du schläfst, und behütet dich, wenn du gut bist. — Ich will recht gut sein und den lieben Gott recht von Herzen lieb haben, sprach Gustav. — Das thue, gutes Kind, sagte die Mutter; dann lässt es dir der liebe Gott wohl gehen, und Vater und Mutter haben an dir Freude, und der liebe Gott freut sich auch über dich.

Liebe Kinder, möcht euch allen
Gute Lehre wohlgefallen!
Möchtet ihr stets fromm und rein,
Fröhlich, frisch und artig sein!

Anhang.

|	eins	1	.	I
||	zwei	2	:	II
|||	drei	3	:·	III
||||	vier	4	: :	IV
|||||	fünf	5	:.:	V
| |||||	sechs	6	:::	VI
|| |||||	sieben	7	: ⁝ :	VII
||| |||||	acht	8	: : : :	VIII
|||| |||||	neun	9	⁝ ⁝ ⁝	IX
||||| |||||	zehn	10	:.::.:	X
|||||||||| |	eilf	11		XI
|||||||||| ||	zwölf	12		XII
|||||||||| |||	dreizehn	13		XIII
|||||||||| ||||	vierzehn	14		XIV
|||||||||| |||||	fünfzehn	15		XV

+ und, — weniger, × mal, : in, = sind, ist.

IIIII IIIII I IIIII	sechzehn	16	XVI
IIIII IIIII II IIIII	siebenzehn	17	XVII
IIIII IIIII III IIIII	achtzehn	18	XVIII
IIIII IIIII IIII IIIII	neunzehn	19	XIX
IIIII IIIII IIIII IIIII	zwanzig	20	XX

21	22	23	24	25	26	27	28	29	30	dreißig
31	32	33	34	35	36	37	38	39	40	vierzig
41	42	43	44	45	46	47	48	49	50	fünfzig
51	52	53	54	55	56	57	58	59	60	sechzig
61	62	63	64	65	66	67	68	69	70	siebenzig
71	72	73	74	75	76	77	78	79	80	achtzig
81	82	83	84	85	86	87	88	89	90	neunzig
91	92	93	94	95	96	97	98	99	100	hundert.

Von demselben Verfasser erschien in unserem Verlage:

Lesebuch für die Unterklassen der Volksschulen, oder Lesestoffe im Dienste des Anschauungsunterrichts.

I. Theil: Für das 2. Schuljahr. $3\frac{1}{2}$ Bogen. Preis ganz wie bei der Fibel.

In Nro. 20 der bayer. Lehrerzeitung vom 16. Mai 1867 findet sich folgende Recension dieses Lesebuches:

„Gegenüber dem in neuerer Zeit so sehr betonten Bestreben, der Schuljugend die Augen für ihre Umgebung und die Natur überhaupt zu öffnen, um durch Sinnenbildung das Denkvermögen anzuregen; gegenüber dem Drängen vieler Schulbehörden, dem Anschauungsunterricht auch in Landschulen mehr Berücksichtigung als bisher zuzuwenden, begrüßen wir vorliegendes Büchlein mit Freuden. Es stellt viele derartige Hilfsmittel in den Schatten, denen blos durch Protektion Werth verliehen wird. Unser strebsamer College Solger liefert uns in 6 Abschnitten (I. Schule, II. Haus, III. Hausthiere, IV. Garten, V. Wohnort, VI. Mensch) eine **Auswahl der besten Bildungsstoffe** für die oben bezeichnete Altersklasse. Nicht blos Druck und Papier sind vortrefflich, sondern auch, was auf letzterem steht. Es bildet ein wohlbesetztes Tischchen, auf dem unsre kleinen Zöglinge manche Leibspeise finden werden, Alles gut, weich gekocht, daß es ein schwaches Mägelein auch vertragen und ins Blut überführen kann. Suppe, Braten, Vor- und Nachtisch sind gleich gut vertreten: kindliche Gespräche wechseln mit netten Gedichtchen, Räthseln und Geschichtchen. Es ist also ganz darnach angethan, ein **Lieblingsbuch** der Kinder zu werden. Verschen, wie: „Sich, keinen Tropfen Wasser schluckt das Huhn ꝛc“ (Nr. 45) und Räthsel, wie: „Es ist ein kleiner Soldat, der ein giftig Spießlein hat ꝛc.“ (Nr. 48) zeigen sicher, daß der Verfasser den rechten Ton zu treffen wußte. Der redliche Fleiß, aus einer Menge von Jugendschriften das Beste zu verwerthen, und das praktische Geschick, das Richtige herauszugreifen — verdienten es wahrlich, daß alle Lehrer in Stadt und Land, die sich nach einem solchen Büchlein umzusehen haben, die kleine Mühe nicht scheuen, es mit anderen ähnlicher Art in Vergleich zu setzen. Es hält denselben sicher aus. Wohlverdiente Anerkennung seinem rührigen Verfasser!“

Der II. Theil des Lesebuchs (für das dritte Schuljahr, $3\frac{3}{4}$ Bogen, Preis wie beim I. Theil), enthaltend Lesestücke über I. Feldmark, II. Wasser, III. Erde, IV. Luft, V. Himmel, VI. Gott, ist, gleich dem I. Theil, der besten Recensionen gewürdigt worden.
